QUELQUES PAROLES

DE

Mgr L'ARCHEVÊQUE D'ALBY

AUX OBSÈQUES

de Mgr de COSSIGNY, Camérier de Sa Sainteté.

Reddidit justis Sapientia mercedem laborum suorum;

Celui qui s'appelle dans les livres saints la Sagesse a soldé aux justes le prix de leurs travaux.

Il y a à peine quarante-huit heures, N. T. C. F., que l'Eglise, tirant le rideau qui nous cache la Cité céleste, a fait passer sous nos yeux un magnifique spectacle: c'est celui des justes qui venaient les uns après les autres recevoir des mains du Suprême Rémunérateur la récompense de leurs travaux. Qu'ils étaient nombreux ! on ne pouvait, tant leurs rangs étaient pressés, les compter : *Vidi turbam magnam quam dinumerare nemo poterat.* De l'ancien Testament, c'étaient les patriarches, les prophètes, les juges et les rois d'Israël, les prêtres et les lévites, les grands législateurs et les vaillants capitaines, tous ceux et toutes celles qui s'étaient fait remarquer par leur piété, leur zèle et l'éclat de leurs œuvres. Du nouveau Testament, c'étaient les apôtres, les martyrs, les pontifes, les docteurs. les prêtres, les religieux, les vierges et les saintes femmes. Tous portaient d'énormes gerbes sur leurs bras; c'était le produit de ce qu'ils avaient semé et recueilli; ils les déposaient avec bonheur aux pieds du Souverain Maître : *Venientes venient portantes manipulos suos.* En retour, le Seigneur, justement satisfait de leurs offrandes, plaçait avec bonheur sur leur tête, selon que l'apôtre S¹ Pierre l'avait annoncé, une magnifique couronne, la couronne de la Justice et de la Gloire, la couronnne qui ne se flétrit jamais : *Cùm apparuerit Princeps pastorum, percipietis immarcescibilem gloriæ coronam.*

Mais voici, N. T. C. F., qu'au moment où ce glorieux cortége défilait devant mes yeux, un de vos plus illustres et plus aimés concitoyens venait se joindre à leurs rangs: c'était Mgr Gaston de Cossigny, de si douce et de si pieuse mémoire; il portait aussi avec lui de glorieuses gerbes, la gerbe de ses vertus sacerdotales, la gerbe de ses travaux apostoliques, la gerbe de ses bonnes œuvres. Soudain, je n'en doute pas, les rangs se sont ouverts pour le laisser entrer, et le Seigneur, content de son serviteur, l'a fait asseoir près de lui dans sa gloire.

Nous laisserons volontiers à d'autres, N. T. C. F., le soin de vous parler de sa noble extraction, de son éducation soignée, de ses grandes manières, de sa politesse exquise, de sa facile parole et de toutes ses belles qualités; c'était à nos yeux le type du vrai gentilhomme et du bon prêtre; il avait retenu de l'ancien régime tout ce qu'il avait de délicat, d'honnête et distingué ; mais il avait accepté du nouveau tout ce qui est bon, tout ce qui sent le progrès dans les idées, la tolérance pour les opinions, l'expansion et la dilatation de la charité.

Pour nous, N. T. C. F., ce que nous avons toujours admiré, depuis que nous avons eu l'avantage de le connaître, c'est-à-

dire depuis plus de 30 ans, dans l'illustre défunt qui repose
en ce moment sous le beau catafalque que vous lui avez
élevé, c'est sa piété, son zèle, sa charité.

D'abord, à l'égard de sa piété, nous nous sommes laissé
raconter, dans le temps, par beaucoup de personnes qui,
voisines de sa famille, avaient été à même de le suivre depuis
le berceau, bien des choses édifiantes. Elles ne se contentaient
pas, dans leurs récits, de nous dire que celui qui est devenu
plus tard l'abbé de Cossigny avait, presque dès le sein de sa
mère, fait pressentir, par des signes non équivoques, les sen-
timents de piété qui étaient en germe dans son cœur ; elles
ne craignaient pas, dans leur admiration, de le comparer
sous ce rapport aux Louis de Gonzague, aux Stanilas de Kostka
et autres jeunes saints qui, au témoignage de leurs historiens,
n'avaient pas eu, à proprement parler, d'enfance. Tout jeune
qu'il était, affirmaient-elles, il n'avait, comme le fils de Tobie,
rien qui se sentît de son âge : *Cùm esset junior, nihil puerile
gessit;* tel du moins il se révéla au petit séminaire de
l'Esquille, à Toulouse, où il fit, sous la direction du célè-
lèbre abbé Isac, ses premières études; tel encore il parut au
séminaire de St-Sulpice, à Paris, où il suivit, sous les meil-
leurs maîtres, son cours d'herméneutique sacrée, de théologie
dogmatique et morale et de droit canon ; tel surtout il se
montra dans l'exercice du saint ministère, où le feu sacré de
sa première piété ne fit que croître et grandir sous l'action
de la grâce sacerdotale, qu'il avait reçue si abondante dans
sa dernière ordination.

Que n'aurions-nous pas également, N. T. C. F., à vous
raconter du zèle dont fut toujours animé le digne abbé de
Cossigny ! Etant encore simple élève de théologie au séminaire de St-Sulpice, il fut chargé, suivant l'usage établi dans
cette maison, de faire, avec d'autres de ses condisciples, le
catéchisme dans la belle paroisse de ce nom. Honoré de cet

emploi, il se crut, quoiqu'il ne fût pas encore dans les ordres, presque un missionnaire. Dans cette pensée qu'il se plaisait à caresser, il s'appliqua de son mieux, tout comme aurait pu le faire un de ces hommes apostoliques qui vont porter la foi sur les plages lointaines, à instruire des vérités du salut les jeunes gens et les jeunes personnes qui faisaient partie de sa section. Tout en les initiant à la connaissance des augustes mystères qui sont l'âme de notre sainte religion, il s'efforçait de les remplir et de les pénétrer de la grâce qui en découle sur les vrais croyants. Élevé au sacerdoce, il fut envoyé, en qualité d'aumônier, à l'hospice de Rosny, que patronnait et protégeait une illustre princesse. Nous ne saurions redire, dans cette courte notice, tout ce que ce nouveau prêtre déploya de zèle pour s'acquitter dignement de la mission qui lui était confiée. Il ne s'épargna pas à la peine pour chercher à ramener à Dieu ceux qui avaient eu le malheur de trop s'éloigner de lui. Mais attendez, ce ne fut là que la première explosion de sa faim et de sa soif pour le salut des âmes. Il faut maintenant demander à Montauban, à Nevers et aux autres cités où il occupa successivement de hautes positions ecclésiastiques tout ce qu'il fit pour faire goûter, aimer et respecter son auguste ministère. On vous répondra, de partout où il put, sous un titre quelconque, travailler à la vigne du Seigneur, qu'il fut, ainsi que l'apôtre St Paul le recommande à son disciple Timothée, un ouvrier rude en labeur, un ouvrier qui ne s'épargne pas, un ouvrier *inconfusible: Cura teipsum exhibere Deo operarium inconfusibilem.* Tel, nous pouvons ajouter, sans crainte d'être démenti par qui que ce soit, il s'est montré jusqu'à ce qu'il a plu au Seigneur de le rappeler de ce monde; car, lorsque l'âge arriva avec les infirmités qui l'accompagnent, au lieu de chercher, comme tant d'autres, à se reposer dans la charmante *villa* qu'il avait reçue de ses pères, il voulut, autant qu'il put, continuer par la prédication l'œuvre de son ministère apostolique. De cette délicieuse solitude, où tout lui rappelait avec les souvenirs de son enfance. ceux de sa famille, il se rendait, au moindre signe qu'on lui faisait, dans les églises où sa parole pouvait être de quelque utilité. Nous ne saurions dire toutes les stations qu'il a prêchées soit pour des avents, soit pour des carêmes, soit pour des mois de Marie, soit pour des jubilés, soit pour d'autres circonstances; il n'y a pas, nous croyons, de cité importante qui ne l'ait entendu et apprécié. C'est surtout à l'œuvre des retraites ecclésiastiques qu'il se dévoua, tant que ses forces le lui permirent, d'une manière particulière. Il avait été formé, alors qu'il était grand vicaire de Mgr Dufêtre, à Nevers, à une si bonne école ! S'il ne fut pas, comme celui qu'il avait pris pour son maître et son modèle, foudroyant par son action et brûlant par son style, il fut plus doux, plus contenu. plus persuasif; ce dont ses auditeurs se louaient et s'édifiaient toujours.

A présent, que vous dirons-nous de sa charité ! Il en est de cette vertu comme de tous les dons du Seigneur. Elle est délicate ; elle n'aime pas qu'on divulgue trop ses trésors. Le Divin Sauveur nous a donné à ce sujet une grande leçon: « Ne sonnez pas, dit-il, de la trompette, lorsque vous faites l'aumône; il faut que votre main droite ignore ce que donne votre main gauche ; Celui pour qui rien n'est caché ne manquera pas d'inscrire au livre de vie ce que vous aurez donné pour lui. » « Mais il y a des circonstances, » ajoute le Sauveur, « où il est bon que les hommes sachent ce que les autres font pour leurs frères; instruits de leurs libéralités, il en bénissent et glorifient le Seigneur, qui les a inspirés. » Or, que d'actes de ce genre le Divin Maître n'a-t-il pas eu à enregistrer sur son Livre d'or pour le compte du bienfaisant prélat que la mort a ravi trop tôt à la reconnaissance de ses nombreux obligés, les pauvres, les indigents, les nécessiteux de toute nature ! Il serait vraiment difficile, tant ils ont été répétés et multipliés, de les rappeler tous dans ces quelques paroles que nous consacrons à sa mémoire. Tout ce que nous nous plaisons à signaler plus particulièrement à la connaissance de ceux qui sont venus, en ce moment, rendre un dernier devoir à ce respectable défunt, ce sont les secours secrets qu'il a fournis de sa bourse à un nombre considérable de jeunes gens et de jeunes personnes, pour aider les uns à achever leurs études ecclésiastiques et faciliter aux autres leur entrée dans une communauté religieuse; au point que nous nous sommes souvent demandé comment, avec le peu de ressources qu'il avait personnellement lui-même, il avait pu suffire à tant de pieux déboursés; car, par suite des malheurs du temps, c'est à peine s'il avait conservé lui-même un insignifiant débris de la fortune qu'avaient possédée ses pères. Il avait été obligé lui-même, pour subvenir à son propre entretien et à celui de son angélique sœur, de compter sur les honoraires de ses prédications pour compléter le budget de sa dépense domestique. Mais, comme on sait, la charité est ingénieuse. Le noble défunt, s'inspirant de son esprit, s'imposait d'habitude, à cet effet, d'accord en cela avec sa pieuse sœur, qui partageait avec son toit toutes ses idées généreuses, toutes sortes de sacrifices. C'était à l'aide de toutes les privations et de tous les retranchements qu'il s'imposait avec elle sur tout ce qui n'était pas rigoureusement nécessaire à la tenue de sa modeste maison qu'il s'efforçait de suffire aux pieuses largesses de sa charité.

Le Souverain Pontife Pie IX, instruit par une personne qui avait toute sa confiance des mérites et des services de ce respectable ecclésiastique, eut la bonté, sur la recommandation de l'illustre princesse dont il avait été l'aumônier, de l'attacher à sa personne sacrée par le titre de camérier honoraire, titre qui lui donna le droit de porter, avec le nom italien de *Monsignor* ou de Monseigneur en français, quelques insignes épiscopaux, tels que l'anneau, les bas violets, les glands verts à la ceinture, etc.

Plus au courant que d'autres des vertus et des talents qui distinguaient M. l'abbé de Cossigny, nous ne manquâmes pas, nous-même, lorsque nous fûmes placé par la divine Providence à la tête de son diocèse natal, de lui donner, en signe de notre estime et de notre affection, des lettres de vicaire général honoraire.

Après l'avoir visité plusieurs fois dans sa dernière maladie, nous nous sommes fait un devoir de venir, malgré les craintes du mauvais temps et les soucis de notre laborieuse administration, présider avec l'un de nos vicaires généraux et le secrétaire général de l'archevêché à la solennité de ses obsèques.

Puissent, maintenant, N. T. C. F., les prières que nous venons d'adresser tous ensemble au Père des miséricordes, pour celui qui fut sur la terre un de ses plus dévoués serviteurs, arriver jusqu'à son cœur, afin qu'il daigne lui accorder au plus vite une place dans son saint Paradis. C'est une promesse qu'il a faite à ceux qui, sacrés prêtres de la Loi nouvelle, auront dignement exercé leur ministère, et surtout à ceux qui, nourris de la doctine céleste, en auront su faire une large part aux populations qui leur ont été confiées. Il a fait annoncer par son apôtre qu'ils seraient comblés de toutes sortes de biens et d'honneurs : *Qui bene præsunt præsbyteri duplici honore digni habeantur, maximè qui laborant in verbo et doctrinâ.* Or, tout bien examiné, nul n'a mieux rempli ces conditions que celui pour lequel nous venons de prier. Du fond de son cercueil à peine fermé, il nous crie, avant qu'on jette sur lui la dernière pelletée de terre, que, fidèle autant qu'il a a pu à la grâce de sa vocation, il n'a aucun grave reproche à se faire dans l'exercice de ses saintes fonctions ; il a, Dieu aidant, prié, confessé, prêché, catéchisé, dirigé, célébré les saints mystères, dispensé les sacrements comme on pouvait l'attendre du prêtre le plus délicat dans l'accomplissement de ses devoirs. Comment, dès lors, ne serait-il pas fondé à compter sur la double couronne qui a été promise aux fidèles ouvriers de l'Evangile ? *Bonum certamen certavi, fidem servavi, in reliquo reposita est mihi corona justitiæ.*

O mon Dieu, ce n'est pas seulement l'évêque de ce cher défunt qui vous conjure, en ce moment, de lui être propice; c'est ce respectacle archiprêtre de St-Michel qui a toujours été pour lui un frère et un ami de cœur; c'est tout le clergé de la ville de Gaillac et de sa banlieue, qui le goûtait, l'appréciait et l'aimait; ce sont ses parents, ses amis et tout ce qu'il y a d'honorable dans la cité et les environs, qui sont venus en si grand nombre lui rendre un dernier devoir; ce sont les enfants des écoles, leurs maîtres et leurs maîtresses en tête, qui n'ont jamais eu qu'à se louer de l'intérêt qu'il leur a porté; ce sont les fidèles de l'un et de l'autre sexe qu'il a éclairés par ses instructions et touchés par ses exemples. De si nombreuses et si chaleureuses supplications ne peuvent qu'accélérer, s'il a dû passer par le lieu des dernières expiations, l'heure de sa délivrance.

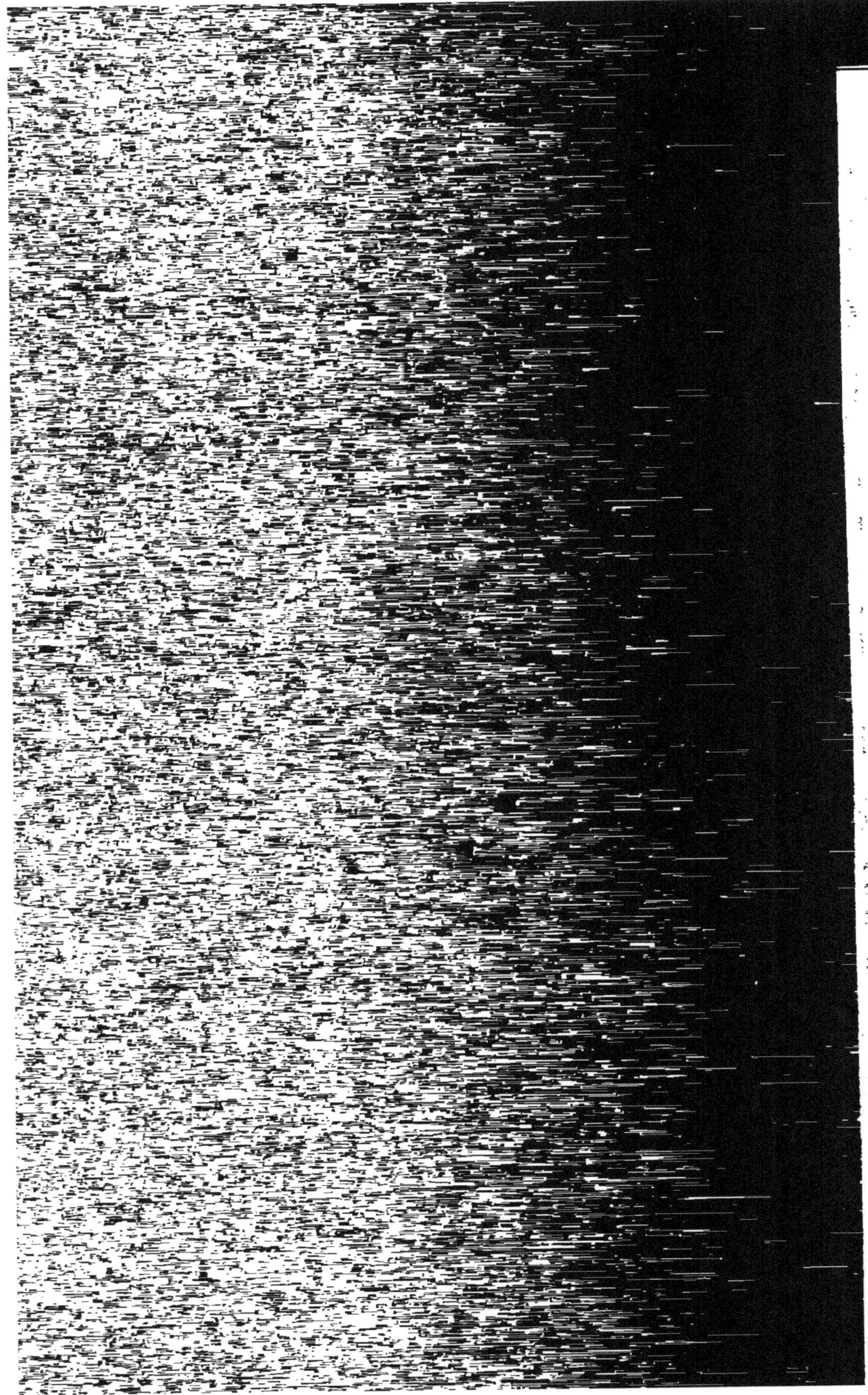